ສັດປ່າທີ່ຫາຍາກ ຫຼາກຫຼາຍຊະນິດ

ໂດຍ ອັກຈູສັນ ຣາຊຸພົນ

ຮູບໂດຍ ອຳເບັດ ເຫຼໂກຣງວ

Library For All Ltd.

ສັດປ່າທີ່ຫາຍາກ ທຸງກາກທຸງາຍຂະນົດ

ພິມຄັ້ງທຳອິດ 2021

ຈັດພິມໂດຍ: ອົງການ Library For All
ອີເມວ: info@libraryforall.org
URL: libraryforall.org

ປຶ້ມເຫຼັ້ມນີ້ ຖືກສະໜັບສະໜູນໂດຍ ໂຄງການເພື່ອການຮ່ວມມືການສຶກສາ (Education Cooperation Program).

ຮູບແຕ້ມຕົ້ນສະບັບໂດຍ ອຳເບັດ ເກຼໂກຽງວ

ສັດປ່າທີ່ຫາຍາກ ທຸງກາກທຸງາຍຂະນົດ
ອັກຈູສັບ ຮາຊຟັບ
ISBN: 978-9932-00-430-0
SKU02618

ສັດປ່າທີ່ຫາຍາກ
ຫຼາກຫຼາຍຊະນິດ

ຂ້ອຍແມ່ນນົກອູ່ອ່າວ.

ຂ້ອຍມີຫາງຍາວໆ.

ຂ້ອຍແມ່ນຂາແດງ.

ຂ້ອຍໃສ່ກົງຕີນສີແດງ.

ຂ້ອຍແມ່ນກະຕ່າຍລາຍເສືອ.

ຂ້ອຍຢູ່ຕາມສາຍພູທຸ່ງໆ.

ຂ້ອຍແມ່ນແຂ້ພັບພື້ນເມືອງລາວ.

ຂ້ອຍສາມາດເທັບຍາມກາງຄືບ.

ຂ້ອຍແມ່ນປາຕິບ.

ຂ້ອຍມັກຢູ່ໃນນ້ຳຄ້າຍຄືປາ.

ຂໍ້ມູນທາງບັນນາບຸລິມຂອງຫໍສະໝຸດແຫ່ງຊາດ

ອັກຈຸສັບ ຣາຊພົນ
ສັດປ່າທີ່ທາຍາກ ມີທ້າຍຊະນົດ / ໂດຍ ອັກຈຸສັບ ຣາຊພົນ.
-- ວຽງຈັນ, 2022
21 ໜ້າ : ພາບປະກອບສີ ; 21 ຊມ
1. ສັດປ່າ
I. ຊື່ເລື່ອງ
590 -- dc21
ເລກທະບຽນພິມຈຳໜ່າຍ: 067 / ອພຈ19042022
ISBN 978-9932-00-430-0

ເຈົ້າສາມາດໃຊ້ຄຳຖາມດັ່ງລຸ່ມນີ້ເພື່ອ
ສົນທະນາກ່ຽວກັບເລື່ອງທີ່ອ່ານກັບ ຄອບຄົວ,
ໝູ່ ແລະ ຄູອາຈານ.

ເຈົ້າໄດ້ຮຽນຮູ້ຫຍັງຈາກເລື່ອງນີ້?

ຈົ່ງອະທິບາຍເລື່ອງນີ້ ໂດຍໃຊ້ຄຳບັນຍາຍ
1ຄຳ. ຕະຫຼົກ? ຢ້ານ? ມ່ສິສັບ? ໜ້າສົນໃຈ?

ເມື່ອອ່ານຈົບແລ້ວ,
ເລື່ອງນີ້ໃຫ້ຄວາມຮູ້ສຶກຫຍັງແດ່?

ໃນເລື່ອງນີ້, ເຈົ້າມັກສິ່ງໃດຫຼາຍທີ່ສຸດ?

ກ່ຽວກັບຜູ້ປະກອບສ່ວນ

Library For All ເຮັດອຸກຮ່ວມມືກັບບັກຂຽນ ແລະ ບັກແຕ້ມ ທົ່ວ ໂລກເພື່ອສ້າງເລື່ອງທີ່ທ້າທາຍ, ມີຄຸນນະພາບສູງໃຫ້ກັບຜູ້ ອ່ານໂຕນ້ອຍ. ທຸກຄົນສາມາດເຂົ້າໄປ ເວັບໄຊ libraryforall.org ເພື່ອຮູ້ຂ່າວທ້າສຸດ ກ່ຽວກັບກິດຈະກຳຝຶກອົບຮົມບັກຂຽນ, ຄູ່ມືຕ່າງໆ ແລະ ໂອກາດສ້າງສັບອື່ນໆ.

ປຶ້ມທີ່ວນີ້ມ່ອນບໍ່?

ພວກເຮົາມີປຶ້ມຫຼາຍຮ້ອຍທີ່ວໃຫ້ເລືອກອ່ານ.

ພວກເຮົາຮ່ວມມືກັບນັກຂຽນ, ຊ່ຽວຊານດ້ານການສຶກສາ, ທີ່ປຶກສາທາງດ້ານວັດທະນະທຳ, ລັດຖະບານ ແລະ ອົງກອນທີ່ບໍ່ຂຶ້ນກັບລັດຖະບານ ເພື່ອນຳຄວາມເພີດເພີນ ໃນການ ອ່ານໃຫ້ກັບເດັກນ້ອຍທີ່ວທຸກແຫ່ງ.

ຮູ້ບໍ່?

ພວກເຮົາສ້າງການປ່ຽນແປງທີ່ດີໃນຊົງເຂດນີ້ ໂດຍປະຕິບັດ ເປົ້າໝາຍ ການພັດທະນາແບບຍືນຍົງຂອງສະຫະປະຊາຊາດ.

libraryforall.org

www.ingramcontent.com/pod-product-compliance
Lightning Source LLC
Chambersburg PA
CBHW040119150726
48005CB00013B/1785